PETITES
LEÇONS DE MORALE

PETITES
LEÇONS DE MO

A L'USAGE DE LA CLASSE DE QUATRIÈME

(Divisions A et B)

PAR

M. Pierre GUIGON

AGRÉGÉ DE L'UNIVERSITÉ, PROFESSEUR AU LYCÉE DE LYON

AVEC UNE PRÉFACE

PAR

M. Gabriel COMPAYRÉ

RECTEUR DE L'ACADÉMIE DE LYON, CORRESPONDANT DE L'INSTITUT

PARIS
BELIN FRÈRES, ÉDITEURS
RUE DE VAUGIRARD, 52

—

1904

A mes élèves du lycée de Lyon.

Témoignage d'affectueux souvenir,

GUIGON.

PRÉFACE

C'est avec un grand plaisir que je me suis chargé, mon cher Professeur, de présenter au public les résumés de votre cours de morale, les petites leçons que vous avez rédigées avec tant de soin pour vos élèves de la classe de Quatrième (divisions A et B).

Vous y montrez, par la simplicité de vos exposés, que vous avez compris ce que devait être, dépouillé de toute abstraction subtile, de toute dissertation savante, cet enseignement moral élémentaire qui, malgré toutes les critiques qui l'ont accueilli, me paraît être une des innovations les plus heureuses des programmes de 1902.

Vous avez mis dans ces quelques pages tout votre cœur, votre longue expérience, dans les idées le plus de clarté possible, et dans la forme un accent qui pénètre. Et lorsque, dans votre dernier chapitre, vous tracez le portrait de l'honnête homme, de l'homme du devoir, qui après cinquante ans de travail peut offrir aux autres l'exemple d'une vie de dévouement, vos élèves aussi bien que vos chefs se sont dit, en le lisant : « C'est sa modestie seule qui l'empêche de laisser entendre qu'il parle de lui. »

Assurément vous ne vous flattez pas, dans cet essai, d'avoir atteint du premier coup la perfection. Le programme officiel que vous suivez pas à pas n'est pas lui-même parfait, et l'usage suggérera certainement d'y apporter quelques retouches. Mais vous aurez du moins montré le chemin, en faisant voir qu'un professeur de grammaire peut tirer de son propre fonds toute la substance de l'enseignement nouveau.

Si j'avais pu concevoir quelques doutes sur l'efficacité de cet enseignement, il m'a suffi d'entrer dans votre classe pour dissiper cette inquiétude. J'ai pu constater par moi-même avec quel entrain vos élèves s'intéressaient à la leçon de morale, avec quelle aisance ils maniaient quelques-unes des notions que vous leur aviez inculquées, surtout combien ils se sentaient heureux et fiers qu'on fit déjà appel à leur esprit de réflexion, à leur conscience naissante.

Certes il n'est pas aisé d'enseigner à des enfants de douze ou treize ans les idées morales même les plus simples. Est-ce dans votre classe, ou dans celle d'un de vos collègues, que je n'ai pu obtenir une définition même vague et approximative de la liberté ou de la conscience? L'enfant que j'interrogeais, un élève des plus intelligents pourtant et à qui je demandais ce que c'était qu'être libre dans ses actions, me répondit : « Monsieur, c'est quand on a la permission de faire une chose... » Il ne voyait dans la liberté que le dehors, une concession de l'autorité des parents ou des maîtres. Mais est-il bien nécessaire que l'enfant, à cet âge, aille au delà? A vrai dire, j'aurais été surpris de recevoir de l'élève interrogé une bonne réponse : j'en aurais été fâché; car elle n'aurait guère pu être qu'une réponse de pure mémoire.

Ecartons donc soigneusement toutes les généralités abstraites qui passeraient par-dessus la tête de nos élèves et n'aboutiraient qu'à un verbiage stérile. Il ne s'agit pas de faire avant l'heure un cours de morale théorique et philosophique. Nous voulons simplement éveiller la réflexion de l'élève, fixer son attention sur les vertus qu'il est déjà appelé à pratiquer dans sa vie scolaire ou dans sa vie domestique. Il n'est jamais trop matin pour mettre l'enfant à l'école du devoir, en l'habituant à analyser ses sentiments, les mobiles de ses actes, à apprécier la beauté morale. Comment nos professeurs de l'enseignement secondaire échoueraient-ils dans une tâche où ont réussi nos instituteurs primaires? Comment ce qui est possible à l'école avec des enfants de onze ou douze ans, ne le serait-il pas au lycée, avec des élèves un peu plus âgés et d'une intelligence plus cultivée?

Tout dépendra de l'habileté du maître et de la méthode employée... D'abord, il convient qu'elle soit le moins « livresque » possible. Ce serait une faute grave, un anachronisme, de mettre un gros livre de morale aux mains de petits écoliers de Quatrième et de Troisième. De même, pas de longues leçons en forme, pas de cours didactiques, mais des entretiens familiers, des interrogations qui tiennent l'esprit en éveil, qui excitent l'attention, qui rappellent à l'enfant tout ce que sa petite expérience lui a déjà appris de la conduite humaine.

Parce qu'il a maintenant une heure par semaine à consacrer spécialement à l'enseignement de la morale, ce n'est pas une raison pour que le professeur renonce à la vieille méthode qui consistait à faire servir à l'éducation morale tous les enseignements de la classe, à extraire de la leçon d'histoire, de l'étude des chefs-d'œuvre littéraires, tout leur contenu moral. Tout au contraire, précisément parce qu'il est préoccupé maintenant d'arriver à des conclusions précises, à des définitions exactes, en ce qui concerne les qualités morales, le maître sera d'autant plus encouragé à rechercher, à recueillir tout le long de la semaine, dans les vers de

1.

Virgile ou de Corneille, dans les *Fables* d'Ésope ou de La Fontaine, dans les *Dialogues* de Lucien ou de Fénelon, tout ce qu'on peut y trouver de sages maximes, de beaux exemples, de nobles inspirations de moralité.

Cet enseignement général et, pour ainsi dire, diffus de la morale a toujours été en honneur dans les classes de nos lycées, et l'on ne songe pas à l'abandonner. Mais toutes les impressions vagues, toutes les idées flottantes qu'il suggère à l'enfant, il était nécessaire qu'elles prissent corps, qu'elles fussent coordonnées, condensées dans un formulaire net et précis, et voilà pourquoi on a institué les cours de morale dans les classes de Quatrième et de Troisième. Voilà pourquoi, mon cher Professeur, vous avez pris soin, vous et la plupart de vos collègues, de rédiger des sommaires, des résumés, où, après les développements oraux, les lectures et les récits, vous fixez, sous une forme brève et ferme, l'essentiel de l'instruction morale.

Mais, dira-t-on, ces sommaires, ces résumés, n'ont-ils pas un inconvénient? Vous les dictez à vos élèves? Vous les leur faites apprendre par cœur?... L'objection n'est pas de nature à nous émouvoir. Si la mémoire est un obstacle à la vraie culture intellectuelle, quand elle agit seule et par un exercice mécanique, quelle grande force, quel utile et précieux instrument d'éducation n'est-elle pas, quand elle est accompagnée d'intelligence, quand le précepte appris par cœur est en même temps compris, quand les mots que la mémoire plaque sur les lèvres répondent intérieurement à autant de pensées et de sentiments.

Grâce à vous, mon cher Professeur, et grâce à vos collègues qui ont fait preuve de tant de bonne volonté dans l'application des nouveaux programmes, la cause est gagnée. Les faits répondent déjà victorieusement aux vaines appréhensions du début. La seule objection sérieuse qui pouvait être faite au nouvel enseignement, c'eût été qu'on fût obligé de le confier à un professeur spécial, qui n'aurait pas été le professeur principal de la classe. Là-dessus les critiques se sont échauffés. Il y aura donc, disaient-ils, une heure de morale, comme il y a une heure de botanique. On verra apparaître une espèce nouvelle, l'élève « fort en morale » rival du « fort en thème... ». Tout cela serait à redouter peut-être si l'usage n'avait pas prévalu, et cet usage déjà général deviendra la règle universelle, de laisser l'enseignement de la morale aux mêmes mains que les autres enseignements de la classe. Assurément un professeur de philosophie est un moraliste plus compétent, plus qualifié théoriquement qu'un professeur de grammaire. Mais quelque avisé qu'il soit, quelques précautions qu'il prenne, le professeur de philosophie, avec son érudition de spécialiste, sera toujours dépaysé devant un auditoire d'écoliers de douze ans. Il sera exposé à s'aventurer malgré lui dans des abstractions qui lui sont familières, à s'engager dans des discussions de principes auxquelles les élèves ne comprendraient rien. Mais surtout l'adjonction d'un professeur spécial de morale compromettrait cette unité de direction qui est particulièrement nécessaire avec les écoliers de cet âge. Seul le professeur de la classe peut avoir sur des élèves qu'il voit tous les jours l'autorité et l'ascendant qui rendra efficaces ses paroles et ses leçons. Seul il les connaît assez pour juger le fort et le faible de leur caractère, pour adapter ses leçons à leurs qualités et à leurs défauts, et imiter dans une certaine mesure les procédés que Fénelon employait avec le duc de Bourgogne, lorsqu'il improvisait ses fables au jour le jour, afin d'encourager chez son élève les qualités dont il avait remarqué l'éveil ou inversement pour réagir contre ses mauvais penchants.

Continuez donc, mon cher Professeur, un enseignement auquel vous avez pris goût, parce que vous êtes convaincu, comme nous, que la culture morale de vos élèves est le but suprême de l'instruction. Peut-être améliorerez-vous encore vos méthodes? Peut-être profiterez-vous des expériences qui ont été tentées cette année dans tous les lycées et collèges de France, et même des exemples qui nous sont donnés par l'étranger. Certes les Allemands sont gens à systèmes, et il n'est pas question de les imiter toujours dans leurs excès de réglementation méthodique. Voici pourtant comment ils pratiquent l'enseignement de la morale d'après un plan qu'il pourrait être bon de leur emprunter. Prenons, par exemple, une des vertus qui figurent au programme de la classe de Quatrième : le courage. La leçon comprendra quatre ou cinq parties distinctes. En premier lieu, on fera appel à l'intuition, c'est-à-dire à un fait connu de l'enfant : on lui rappellera un acte de courage qui est raconté dans un de ses livres, ou mieux encore, quand l'occasion s'en présentera, un événement récent de la vie réelle, dont il a entendu parler : un enfant s'est jeté à l'eau pour sauver un camarade, un jeune homme a arrêté un cheval emporté... Le fait, quel qu'il soit, sera décrit avec précision, dans tout le détail des circonstances qui l'ont accompagné, et avec l'analyse des sentiments de celui qui l'a accompli, de façon à frapper vivement l'imagination de l'enfant. Cela fait, commencera la seconde opération, le second moment de la leçon : on interrogera les élèves ; on leur demandera de citer d'autres exemples d'actions courageuses. Si leur mémoire ne leur en fournit pas, c'est le maître qui les leur suggérera : les soldats sur les champs de bataille, les pompiers dans un incendie, les médecins dans une épidémie, etc. Et ainsi on acheminera doucement leur esprit à saisir ce qu'il y a de commun dans ces faits si différents ; on les conduira, par un exercice de comparaison et de rapprochement, à démêler les idées générales, les caractères semblables qu'enveloppent les diverses manifestations du courage. A ce moment, l'esprit de vos petits auditeurs est tout préparé à entendre la définition générale du courage, qui suppose toujours un danger quelconque à surmonter ou à vaincre, une intrépidité physique jointe à un effort de volonté morale... C'est ici que vient à son heure la leçon proprement dite, le résumé didactique, analogue à ceux que contient ce livre. Tout est-il terminé? Non; d'après les pédagogues de l'école de Herbart, il y aurait encore une dernière étape à parcourir dans la leçon de morale : ou bien on demandera à l'enfant, — afin de s'assurer qu'il a bien compris, qu'il a profité de l'enseignement reçu, — de dire oralement ou dans un devoir écrit, comment, dans telle ou telle circonstance donnée, il se comporterait lui-même pour faire acte de courage ; ou bien, à un autre point de vue, le maître, continuant à parler, montrera que le courage, cette vertu particulière, se rattache à l'ensemble des vertus humaines...

Mais ceci dépasserait déjà la portée d'intelligence des élèves auxquels s'adresse un professeur de Quatrième ; et il faut éviter à tout prix que l'enseignement élémentaire de la morale pratique empiète sur le domaine réservé aux spéculations de la classe de Philosophie. Ne donnons pas raison à ceux qui, bien à tort, ont affecté de voir dans le modeste programme d'éducation morale désormais imposé à nos élèves du premier cycle d'études, une sorte d'usurpation et comme une anticipation malheureuse sur le haut enseignement réservé aux lycéens de la dernière heure. C'est, je l'avoue, un vif étonnement pour moi que l'on ait pu formuler une objection comme celle-ci : « Vous allez déflorer l'enseignement de la morale en le commençant trop tôt... Vous amoindrissez d'avance l'action que sa nouveauté même lui assure dans la classe de Philosophie... » Quel étrange contresens pédagogique ! Parler ainsi, c'est méconnaître absolument les lois du développement de l'esprit et les règles de l'éducation. Combien Herbart avait au contraire raison de dire : « Il ne faut rien enseigner à l'enfant qui soit entièrement nouveau pour lui. » Un enseignement n'est fructueux, il n'excite l'intérêt, que s'il a été préparé de longue main, si des intuitions préliminaires éclairent les conceptions futures, si des idées élémentaires servent de point d'appui aux théories compliquées : et voilà pourquoi nous comptons que nos futurs élèves de Philosophie, grâce à l'initiation qu'ils auront reçue de bonne heure, seront de meilleurs moralistes, plus aptes désormais à comprendre et à pratiquer leurs devoirs d'hommes et de citoyens.

Gabriel COMPAYRÉ.

PETITES LEÇONS DE MORALE

I

LA SINCÉRITÉ

PREMIÈRE LEÇON

La franchise.

La franchise consiste à n'admettre aucun détour dans ses actes ni dans ses paroles.

Nos actions doivent être droites, sans ruse ni déguisement. Un enfant veut obtenir une permission de ses parents : il la demandera franchement, sans recourir à des moyens détournés. Il leur dira ce qu'il pense, ce qu'il fait, et n'omettra rien. S'est-il mal conduit? il ne le dissimulera pas. Des circonstances aggravent sa faute : il les présentera sous leur vrai jour, en ne rejetant jamais sur un autre ce qui vient de lui seul.

Il gardera la même conduite à l'égard de ses maîtres : ne tiennent-ils pas la place des parents? Un devoir a été copié, demandé en tout ou en partie à un camarade : il ne s'en attribuera pas le mérite. Il n'a pas étudié sa leçon, il ne l'a pas sue; il n'en rejettera pas la faute sur le temps, les distractions, les empêchements inventés pour se donner une excuse : l'élève franc accepte sans mot dire la note ou la punition qu'il a méritée.

Aussi franche sera sa manière d'agir avec les camarades. Point de récits inventés à plaisir pour se faire valoir ; point de vantardises, dont le moindre défaut est d'indisposer les autres par un étalage de qualités et de mérites qu'on n'a pas. Parler, quand on le doit, pour dire ce qui est, sans prétention, sans orgueil, sans idée de se poser en héros, voilà la conduite de l'homme franc. C'est la seule qui puisse lui attirer notre estime.

DEUXIÈME LEÇON

L'esprit de ruse.

Tout autre est l'esprit de ruse. Il consiste à tromper sur nos vrais sentiments, à dérober le but où l'on tend, à faire imputer aux autres une faute personnelle.

Un élève a des idées mauvaises ; il les cache, il les dissimule avec le plus grand soin ; il n'est pas de stratagèmes auxquels il n'ait recours pour donner le change à ceux qui veillent sur lui ; il use de tous les détours pour faire naître dans leur esprit une opinion opposée à la vraie. Il est paresseux, menteur ; il invente tous les moyens pour faire admettre le contraire : toutes ses actions sont revêtues de fausses couleurs. Certain camarade lui déplaît : il fait tout pour lui nuire, mais il présente ses démarches comme la chose la plus innocente : que dis-je ? il soutient qu'il n'a jamais en vue que son bonheur. A-t-il, dans ses études, un rival qu'il envie? il se garde bien d'étaler ce vilain sentiment, et, pour arriver à lui nuire dans l'opinion des autres, il commence par en dire du bien; puis, quand il a endormi leur méfiance, il glisse contre le camarade envié les insinuations les plus perfides, les accusations les plus déshonorantes.

Et, pour faire retomber sur autrui les conséquences d'actes pervers, à quelles ruses n'a-t-il pas recours? Ses fautes sont connues; le châtiment est imminent; de toute façon il faut s'y dérober; alors tout lui est bon pour démontrer son innocence. « Les coupables, dit-il, sont bien connus », et il les désigne, et tout ce que le raisonnement peut offrir de plus subtil pour tromper ceux qui l'écoutent, il l'emploie avec un sang-froid qui ne se dément jamais.

Que la franchise est belle! que la ruse est détestable! l'une prouve une âme noble et pure; l'autre est l'indice d'un esprit bas et pervers.

—

TROISIÈME LEÇON

La véracité et le mensonge.

La véracité consiste à se servir de la parole pour exprimer sa pensée.

Elle se décèle dans nos discours, nos allures, nos démarches, et donne à tout ce qui émane de notre personne ce caractère de franchise que nous aimons tant. Et l'homme véridique n'est pas seulement celui qui dit toujours la vérité; c'est encore celui dont le regard est franc, les yeux limpides, qui n'évitent jamais de regarder en face : on le reconnaît à la sûreté de ses relations et de toute sa conduite. Il ne farde pas sa pensée ; il ne l'altère pas, ne l'atténue pas, ne l'exagère pas : il la donne pour ce qu'elle est, sans regarder aux conséquences, et toujours avec une extrême simplicité.

De la véracité viennent la bonne foi, la loyauté, le respect de la parole donnée, des engagements verbaux et écrits, le serment enfin : elle est une des bases de la société, un des attributs de Dieu, et il n'est pas de vertu qui nous séduise et nous attire avec un charme plus puissant.

Son contraire est le mensonge, vice qui dégrade l'âme, fausse le caractère, change en mépris l'estime de nos amis, brouille les familles, rend entre chaque homme les relations si difficiles que la méfiance s'attache à toutes nos démarches, fait suspecter toutes nos paroles, et finit par rendre impossibles ces mille rapports qui sont la vie de la société et ne reposent que sur la bonne foi. Y a-t-il un vice à la fois plus bas et plus dangereux ? Et cependant il est si commun qu'on a pu dire, sans trop exagérer : « Tout homme est menteur. » Puisqu'il tient à notre nature par tant de côtés que de petits enfants savent déjà mentir, il faut s'attaquer à lui résolument, le combattre sans relâche, le poursuivre partout, jusque dans ses nuances d'expression où il vient donner à nos discours un air d'exagération qui leur enlève toute créance, et rend inutiles tant d'efforts pour toucher et convaincre.

L'enfant honnête, qui veut s'attirer l'estime et l'affection, doit aimer la vérité et haïr le mensonge.

QUATRIÈME LEÇON

Être et paraître.

—

Être.

Vous prenez un objet : vous le regardez, vous l'examinez attentivement sous toutes ses faces : vous vous assurez, à n'en pouvoir douter, que tout ce qui le distingue est vrai, qu'il a bien toutes les propriétés qu'on lui connaît, qu'il n'est point imité, habilement reproduit, mais qu'il est réellement lui-même.

Vous procédez de la même manière à l'égard d'un camarade. En le considérant avec soin, vous voyez qu'il est bon, que son cœur est sans malice ; qu'il prend part au chagrin des autres, sans jamais leur en faire ; qu'il ne critique pas, ne met aucune amertume dans ses paroles, aucune exagération dans ses jugements ; qu'il parle peu, seulement pour dire ce qu'il pense, jamais pour médire, encore moins pour calomnier. Vous constatez que, s'il demande une juste récompense à son travail, s'il tâche d'arriver au premier rang de sa classe, c'est en toute loyauté, sans jamais avoir recours aux moyens que réprouvent la bonne foi et l'honnêteté ; en un mot, vous voyez clairement qu'il est bon de tous points : c'est la réalité que, chez lui, vous avez, en quelque sorte, touchée du doigt.

Eh ! bien, c'est ce qu'on veut trouver chez vous. Ce sont toutes ces qualités solides auxquelles vous devez vous attacher uniquement, dont vous devez poursuivre la réalisation en vous-même, que vous devez montrer limpides et transparentes dans toutes les manifestations de votre âme. Il vous faut, comme ce camarade, être véritablement bon, véritablement honnête, véritablement ami du vrai, ennemi du faux. Il faut qu'on trouve dans votre cœur, quand on l'examine, toutes ces vertus assises sur un fondement qui donne l'idée d'une solidité à toute épreuve, sans altération possible, ni apparences décevantes.

Encore une fois, voilà la réalité, voilà ce que vous devez être, et voilà ce qui donne à l'homme tout son prix aux yeux de ses semblables.

CINQUIÈME LEÇON

Paraître.

Et paraître ? Ah ! c'est autre chose ; c'est l'apparence menteuse ; c'est Faux-Semblant, ce personnage allégorique du moyen âge ; ce sont tous les faux dehors qui nous cachent la réalité.

Voyez cet homme : son abord est obséquieux ; ses yeux vous sourient ; toute sa personne présente l'image parfaite de quelqu'un qui vous respecte, vous aime, a de vous la plus haute opinion. Ecoutez-le : il vous approuve toujours, admire vos actes, boit vos paroles, se répand en éloges qui n'ont point de fin, et qui coulent de sa bouche souriante comme un torrent de miel. Vous ne l'avez pas quitté qu'il vous persifle, vous dénigre et vous déchire à belles dents : c'est le faux-semblant. Il se glisse partout ; nous le mettons dans nos habits, pour paraître riches ; dans nos discours, pour paraître bons, généreux, habiles ; dans toute notre conduite, pour faire naître dans l'esprit des autres une fausse opinion de notre mérite.

Voyez cet élève : il tient ses yeux attachés sur le maître ; il semble suspendu à ses lèvres pour ne pas perdre un mot de ce qu'il dit. Interrogez-le ; il ne sait rien, n'a rien entendu, rien compris ; est-il inintelligent ? Pas du tout ; seulement il n'a les yeux fixés sur le maître que pour saisir le moment où le maître ne le regarde pas : alors il rit, il cause, il trouble la classe et fait cent sottises : il n'a du bon élève que l'apparence. Le faux-semblant, c'est un vice si commun qu'on le trouve partout ; il fausse tout, fait douter de tout, et, comme un venin subtil, s'insinue dans toutes les parties du corps social qu'il mine et dissout.

A tout prix il faut le fuir avec horreur.

SIXIÈME LEÇON

L'hypocrisie.

Voici venir le plus lâche de tous les vices, le plus abject et le plus dégradant, comme le plus funeste aux familles et aux États. Il flétrit tout, il corrompt tout ; il sème partout la colère, la discorde et la haine : partout où il passe, il ne laisse après lui que la ruine et la destruction.

Être hypocrite, c'est être un comédien qui joue

tous les rôles, fait tous les personnages, sans montrer jamais l'homme qu'il est ; c'est affecter toutes les vertus qu'on n'a pas ; c'est être menteur, fourbe, astucieux, scélérat, et dissimuler tout cela sous le manteau de la vérité, de la franchise, de l'honnêteté la plus scrupuleuse et la plus parfaite ; c'est se couvrir du patronage de Dieu même pour commettre tous les crimes. Connaissez-vous quelque chose de plus abominable et de plus répugnant ?

Le camarade hypocrite, c'est celui qui, à la faveur d'apparences menteuses, s'insinue dans vos bonnes grâces, capte votre amitié, vous accapare, vous amène par ses flatteries et ses grimaces à lui livrer votre cœur, vos pensées intimes, vos aspirations les plus secrètes, afin d'en profiter pour vous trahir, pour vous enlacer si parfaitement dans les filets de sa duplicité, que vos yeux refusent de s'ouvrir même à l'évidence, et que vous ne puissiez comprendre ses menées ténébreuses que lorsqu'il vous tient à sa discrétion, pieds et poings liés.

L'élève hypocrite, c'est celui qui se fait bien venir du maître par une apparente soumission à toutes ses volontés ; qui a l'air d'approuver tout ce qu'il dit, va au-devant de tous ses désirs, renchérit sur ses exigences, et trouve ensuite mille prétextes si ingénieux pour les éluder que le maître s'y laisse prendre ; qui semble gémir sur l'indiscipline de certains élèves, mais en secret les approuve, les excite, leur monte la tête, et fait si bien par son astuce que sous l'apparence du calme le plus parfait couve l'esprit de révolte qui un jour, déchaîné par lui, éclate et trouble tout.

Il est impossible de parler de ce vice sans être ému et comme hors de soi ; si peu qu'on l'aperçoive, on no peut garder son sang-froid. Aussi, est-on porté, comme malgré soi, à trouver assez de vertus dans l'enfant chez qui l'on voit la sincérité, la franchise, la véracité, en un mot, tout le contraire de l'hypocrisie.

II

LE COURAGE

SEPTIÈME LEÇON

Le brave.

Le brave ne voit le danger que pour l'affronter, l'opinion publique égarée que pour la braver ou la dédaigner.

Il y a deux sortes de bravoure : il en est une toute physique, pour ainsi dire, qui doit son principe à une certaine générosité du sang, qui se précipite en aveugle au-devant des plus terribles dangers sans réflexion ni crainte : elle brille dans les combats, dans l'effroyable mêlée où l'homme lutte corps à corps, où le sang-froid, la force physique, la direction d'une volonté toujours tendue vers la victoire ne connaissent pas la défaillance. C'est encore d'elle qu'il s'agit, quand il faut courir au-devant d'un danger imminent, prévenir une catastrophe et arracher un être à la mort.

Mais, quels que soient les mérites de ce brave, j'en sais un autre plus admirable encore ; c'est celui qui résiste à l'opinion publique, si l'opinion publique est égarée ; qui, pour sauver l'innocence de la calomnie, s'expose vaillamment à tous les dangers ; qui méprise les sarcasmes pour faire tout son devoir ; qui ne ecule pas devant la mort même pour obéir à sa conscience; qui boit sans pâlir la ciguë, comme Socrate et Phocion, et reçoit, avec un visage serein, l'ordre de mourir, comme un Thraséas, un Helvidius Priscus, chez les anciens, un Thomas Morus, chez les modernes.

Et, dans une situation infiniment plus modeste, n'est-il pas un brave l'enfant qui couvre de sa protection un camarade injustement persécuté, qui résiste vaillamment à la colère déchaînée du fort contre le faible, qui flétrit les calomnies dont de pauvres petits êtres sont accablés, et sait, par de douces paroles, sécher les larmes de celui que tout le monde repousse avec mépris ?

HUITIÈME LEÇON

Le lâche.

Le lâche est l'homme dont le cœur et la volonté défaillent devant l'accomplissement du devoir.

Les devoirs sont multiples : il y a les devoirs envers Dieu, les devoirs envers la patrie, les devoirs envers nos semblables, les devoirs envers nous-mêmes.

Il y a lâcheté, quand la conscience est pénétrée d'une vérité, qu'elle y croit fermement, à la renier en public, dans un cercle d'amis, n'importe où, parce qu'on craint pour sa vie, ou tout simplement parce qu'on a peur des railleries de gens qui ne croient pas comme nous.

Il y a lâcheté à quitter son poste devant l'ennemi, à fuir dans la bataille, parce qu'on redoute les blessures et la mort ; en un mot, parce que la douleur et la souffrance nous font peur.

Il y a lâcheté à trahir le malheureux qui s'est fié à notre parole, à calomnier l'innocent, à s'unir au plus fort pour accabler le faible, à dénoncer une faute, quand aucun devoir pressant ne vous y oblige, à laisser un homme courir au-devant d'un danger mortel, parce que nous craignons, en le prévenant, de nous exposer au péril.

Il y a lâcheté à attenter à notre vie, pour avoir perdu l'honneur et la fortune ; ou simplement, parce que déchus d'une situation élevée, où notre vie était exempte de soucis, il nous faut descendre au niveau commun et travailler pour vivre ; ou encore, parce qu'atteints par la maladie, nous refusons d'en supporter les douleurs et les angoisses.

Enfin, il y a lâcheté pour l'enfant à fuir constamment devant les devoirs que lui imposent ses parents, et, d'autre part, à persécuter, à tourmenter, à tourner en dérision ceux qui déjà, souvent pour une cause futile, sont en butte à la malignité publique.

Le lâche, honni de tous, ne saurait prospérer.

NEUVIÈME LEÇON

L'énergie.

L'énergie est une des qualités les plus précieuses du caractère ; c'est elle qui nous pousse à l'action, l'entretient et lui conserve ce ressort qui nous mène au but.

Il faut de l'énergie pour faire son devoir. Généralement il présente quelques difficultés, et la première de toutes consiste à bien voir où il est, quelles en sont la nature et l'étendue, et quand on l'a vu, quand on s'en est bien pénétré, il ne faut pas que les difficultés nous rebutent, que les obstacles qui se dressent devant nous, et il y en a souvent de fort grands, fassent chanceler nos meilleures résolutions : c'est alors qu'intervient l'énergie.

Voici, par exemple, un élève qui, au retour des vacances, reprend le cours de ses études. S'il ne vient pas au lycée pour s'amuser, il prend des résolutions sincères, se promet de faire tous ses efforts pour travailler avec fruit. Mais son expérience ne lui laisse pas ignorer que le savoir ne s'acquiert pas sans peine ; que tous les problèmes soumis à son intelligence ne sont pas faciles à résoudre ; que plus d'un présente, avec les difficultés ordinaires, des parties ou fort obscures ou simplement fastidieuses ; que contre l'abattement ou le dégoût, il lui faudra faire appel à toute son énergie : si elle faiblit, tout sera compromis.

Il l'entretiendra donc par de sages réflexions, par des retours fréquents sur lui-même, sur les résolutions prises, par un appel incessant à sa conscience, dont la voix, docilement écoutée, lui dictera de nouveau son devoir, et chaque fois il sentira naître en lui une énergie nouvelle, devant laquelle toutes les difficultés dont il s'épouvantait disparaîtront comme par enchantement.

Oui, il faut y recourir sans cesse, parce que sans elle tout effort est vain, que rien ne s'achève et que l'homme rebuté en arrive à l'impuissance, déchoit dans sa propre estime et va grossir le troupeau de de ces êtres qu'on a fort justement appelés les fardeaux inutiles de la terre.

DIXIÈME LEÇON

La mollesse.

La mollesse est justement l'opposé de l'énergie : on est mou, quand on n'a pas la force de passer de l'idée à l'action.

Il y a des hommes dont la pensée est toujours en mouvement : ils songent, ils rêvent, ils font, au milieu d'imaginations confuses, des plans sans précision, sans relief, et qui n'aboutissent jamais. Ils voient le bien, reconnaissent leur devoir, et ne l'accomplissent pas : pourquoi ? C'est leur mollesse qui s'y oppose. Ils n'ont pas la force de vouloir : ils ne peuvent prendre sur la paresse de leur esprit l'énergie nécessaire pour arriver au but.

Voyez cet enfant assis en classe au milieu de ses camarades : il se laisse aller ; il se couche, pour ainsi dire, sur la table ; il écoute peu ou mal. Sa pensée, au lieu de s'attacher à suivre celle du maître, vagabonde loin du milieu où il se trouve. S'il écrit, c'est avec lenteur, ou, pour mieux dire, avec dégoût ; s'il récite, sa voix se traîne ; il se répète dix fois ; on dirait qu'il ne peut se résoudre à terminer la phrase commencée. Compose-t-il ? Avant d'aborder sa tâche, il se tourne, rêve, s'accoude sur le bras, bâille honteusement et l'heure passe qu'il n'a presque rien fait. Cet enfant n'a pas de caractère : il est perdu dans la mollesse.

Quelle existence se prépare celui qui, dès ses premiers pas dans la vie, fuit le travail, craint la peine, et ne peut se résoudre à l'action !

Il faut donc combattre la mollesse comme un fléau ; il faut lui faire une guerre acharnée, et pour cela, de toute notre âme, appeler sans cesse l'énergie à notre aide, en nous interdisant avec une volonté ferme toute pensée étrangère à la tâche qui nous est imposée.

———

ONZIÈME LEÇON

La persévérance.

La persévérance n'est pas autre chose qu'une constance inébranlable mise à la poursuite de ce qu'on a commencé. C'est une excellente qualité, lorsqu'elle s'applique à des choses justes et utiles. Ce n'est pas à celui qui a commencé, mais à celui qui a persévéré jusqu'à la fin qu'est réservée la récompense.

Bien des gens savent entreprendre un travail, voir le but qu'ils doivent donner à leur existence. Dans les commencements, ils sont tout flamme ; ils déploient une activité extrême : s'il y a des difficultés, ils les surmontent ; s'il y a des obstacles, ils les tournent ou les écartent avec autant d'habileté que d'énergie. Leur esprit s'échauffe dans l'action ; plus ils font, plus ils veulent faire ; les voilà qui vont toucher au but ; ils n'ont plus qu'à persévérer quelque temps encore. Tout d'un coup ce beau feu tombe ; leur ardeur s'éteint ; ils tournent le dos à leurs premières aspirations : les voilà tout occupés à viser un but qui est l'opposé du premier. Que leur est-il donc arrivé ? Ils ont manqué de persévérance, tout simplement, et c'est un grand malheur ; car tous leurs efforts antérieurs sont devenus inutiles et vains.

C'est à l'histoire qu'on emprunte des leçons de persévérance ; celle des Romains en est pleine, ou plutôt, l'empire romain n'est que le produit merveilleux de cette vertu qu'on a décorée du beau nom de constance romaine. Si les Romains s'étaient découragés après la prise de leur ville par les Gaulois, tout était fini pour eux. Si, après la bataille de Cannes, le sénat tout entier n'était pas allé au-devant du vaincu, pour le remercier de n'avoir pas désespéré de la république, Rome devenait la sujette de Carthage. En un mot, si elle s'était abandonnée un seul moment dans n'importe quelle circonstance critique de son histoire, tout ce prodigieux édifice qu'on appelle l'empire romain se serait écroulé : nous n'en parlerions encore que pour constater son manque de persévérance, cause indéniable de sa ruine.

Soyons donc persévérants ; une fois entreprise une œuvre utile et juste, sachons aller jusqu'au bout, nous rappelant le proverbe : aide-toi, le ciel t'aidera.

DOUZIÈME LEÇON

Le caprice.

« Je suis chose légère et vole à tout propos », dit le papillon dans la fable : ces mots s'appliquent au caprice.

Le caprice est léger, vain, futile et changeant. Il

s'éprend de tout subitement ; il désire sans motif, il se dégoûte de même : on n'a pas eu le temps de constater son ardeur qu'il est déjà tout de glace : c'est un feu de paille.

L'enfant aperçoit un objet qui brille, il le veut ; il voit un fusil, une trompette, un tambour, il les demande, et, si l'on ne défère pas immédiatement à son désir, il trépigne de colère ; les a-t-il obtenus ? Ses yeux sont ravis ; toute sa physionomie est illuminée par la joie : son bonheur est absolu et sans mélange. Perdez-le de vue pendant une heure et revenez : le fusil est tordu, la trompette ne sonne plus, le tambour est crevé ; tout cela gît à ses pieds dans un honteux pêle-mêle : c'est un effet du caprice.

Plus grands, c'est encore lui qui nous mène. L'étude d'un art, d'une science s'offre à nous ; on s'y livre avec ardeur ; on y travaille tout le jour ; on en rêve la nuit ; on se plaint de la fuite du temps ; on déplore amèrement qu'on se soit avisé si tard de toutes les beautés qu'on y trouve. Les gens qui nous voient, nous admirent et disent : voilà une belle passion et qui les mènera loin ! hélas ! il n'en est rien. Une idée nouvelle a germé en nous, s'est développée, a pris possession de notre âme et l'occupe si bien qu'il n'y a plus de place pour la première ; il y a quelques mois, elle menaçait de nous dévorer ; aujourd'hui on n'en trouve plus trace dans notre esprit : c'est encore un effet du caprice.

Donc, point de caprice ; point de résolutions quittées aussitôt que prises. Quand elles semblent faiblir, écoutons la voix du devoir : elle ne manquera pas de nous crier : en avant ! marche toujours ! C'est par la continuité de l'effort qu'on arrive au but.

TREIZIÈME LEÇON

Courage contre la souffrance, contre le plaisir.

Notre lot le plus sûr, c'est la souffrance : l'homme semble y avoir, pour ainsi dire, un droit qui ne se prescrit jamais.

Regardez à travers les siècles ; que voyez-vous ? des guerres, des famines, des fléaux de toutes sortes ; des cataclysmes qui anéantissent en quelques heures de vastes régions ; des maladies aussi étonnantes par leur diversité qu'effroyables par leurs conséquences ; et par-dessus tout cela, venant de tous côtés, dominant tous les bruits, vous percevez l'universelle plainte de l'humanité. C'est Job d'Idumée, dont le corps n'est qu'une plaie, dont le cœur saigne de la plus cruelle douleur, qui s'écrie : périsse le jour où je suis né ! c'est Homère qui fait dire à Jupiter : non, dans tout ce qui respire, dans tout ce qui rampe à la surface de la terre, il n'est pas d'être plus misérable que l'homme.

Et cependant, au milieu de ses souffrances, il a multiplié. Non seulement il en a triomphé par son courage, mais il a développé ses forces morales, il a pris conscience de tout ce que pouvait l'énergie de sa nature, il a grandi de tous les maux qui devaient l'accabler ; et comment ? par une force de résistance qui ne se lassait pas, par une patience que rien n'a pu vaincre, par une grandeur d'âme qui l'élevait bien au-dessus de la souffrance ; et aujourd'hui comme autrefois, dans l'enfance comme dans la vieillesse, sachons-le bien, le seul remède à nos maux, c'est encore de leur opposer un invincible courage.

Et c'est ce même courage qu'il faut déployer contre le plaisir, qui, on le sait, est plein d'attraits. Il nous sollicite par des séductions puissantes, quelquefois presque irrésistibles, et le penchant au mal devient grand ; l'entraînement menace d'emporter toutes les digues. Ah ! c'est alors qu'il faut veiller, qu'il faut lutter, et ne pas s'abandonner un moment ; si on faiblit, la défaite est certaine, et tout est perdu ; car « il n'y a que le premier pas qui coûte », dit le proverbe. Et sur quoi s'appuyer pour rester maître de soi ? Sur la conscience, qu'il faut écouter sans délai : dédaignés, ses avertissements sont plus faibles, et bientôt, découragés, énervés, sans force contre le mal, nous devenons incapables de les suivre.

Si donc nous voulons être des citoyens utiles, il faut, à toute époque de la vie, mais surtout dans la jeunesse, déployer autant de courage contre les attraits du plaisir, que d'énergie pour ne point nous laisser abattre par la souffrance.

QUATORZIÈME LEÇON

Courage de résister à l'opinion par respect pour sa conscience.

La conscience est ce que nous avons de plus précieux : c'est elle qui nous fait ce que nous sommes, qui signale les écueils contre lesquels peut se briser notre vertu, qui nous adresse de sévères reproches, quand nous dévions du droit chemin, qui récompense notre docilité à suivre ses avis par la paix intérieure, le premier de tous les biens : en un mot, sans la conscience, qu'est l'homme ? Un être quelconque, plus ou moins bien doué de la nature.

Puisqu'elle a tant de valeur pour nous, il faut l'entourer d'un souverain respect, et il le faut surtout, quand, sous prétexte de nous joindre à l'opinion publique, quelque mauvaise pensée nous presse d'étouffer sa voix : c'est alors qu'il faut faire en nous le silence absolu des passions pour mieux l'entendre. Et jamais on ne se repent de l'avoir écoutée; au contraire, que d'amers regrets l'indifférence morale a souvent laissés au cœur de très honnêtes gens, victimes d'un moment de faiblesse.

Prenons un exemple : quelqu'un est accusé d'un crime. L'accusation est si bien présentée, si vraisemblable, que tout le monde y croit. On le juge, on le condamne sur de faux témoignages : on va le conduire au supplice. Or, cet homme est innocent, vous le savez; on a trompé l'opinion; votre devoir est tout tracé, et c'est de vous exposer à tout pour le sauver, en éclairant vos concitoyens. Vous ne pouvez, sans outrager votre conscience, accepter un moment d'être le complice d'un véritable assassinat.

On dit : *vox populi, vox Dei :* ce n'est pas toujours vrai; tout le monde peut se tromper comme nous, épouser des idées fausses ou dangereuses, courir en aveugle au-devant des pires catastrophes. Si, mieux renseigné, vous êtes certain que tout le monde est dans l'erreur, résolument il faut lui barrer le chemin : c'est la seule conduite digne de l'honnête homme et du bon citoyen.

QUINZIÈME LEÇON

Courage de reconnaître ses torts, de s'accuser.

Platon a dit : « L'homme qui se sent coupable,
» doit aller trouver les magistrats, leur avouer sa
» faute, et leur en demander le châtiment. »

Tout d'abord, une pareille conduite paraîtra sans
doute un peu trop scrupuleuse, et cependant quoi de
plus juste ? Notre faute peut être pour la société une
cause de grandes calamités, dont il nous est impossible de mesurer nous-même toute la gravité : de là
une démarche qui s'impose à nous, celle de la révéler aux détenteurs du pouvoir, que leurs fonctions,
des lumières spéciales, l'habitude qu'ils ont de voir
les choses de haut, mettent à même de parer sans
erreur à ses fâcheuses conséquences. Leur en demander le châtiment se justifie aussi bien : d'abord,
pour nous, c'est le seul moyen de rentrer en grâce
avec nous-même, de retrouver la paix intérieure que
nous avons perdue ; ensuite, puisque toute faute,
pour être réparée, exige une punition, n'est-il pas de
toute justice que nous ne laissions pas des magistrats
l'infliger par erreur à des innocents, accusés d'une
mauvaise action qui est la nôtre ?

Et c'est pourquoi un enfant qui a des torts à se
reprocher envers ses parents, ses maîtres, ses camarades, ne doit pas attendre de s'en voir convaincu
pour les reconnaître ; car où est le mérite de vous
accuser quand on vous a prouvé que vous êtes coupable ?

L'enfant qui a du cœur et le juste sentiment de sa mauvaise conduite, va de lui-même au-devant de la personne offensée, et, sans réticence, sans fausse honte, avec la plus entière franchise, avoue ses torts, se reconnaît coupable et demande à rentrer en grâce avec l'offensé. Une pareille conduite, loin de le diminuer, lui vaudra toujours, dans n'importe quel milieu, l'estime et la sympathie de tous ceux qui la connaîtront.

SEIZIÈME LEÇON

La faiblesse morale.

Il y a des gens qui sont toujours prêts à composer avec leur conscience. Ils voient le bien et le mal, et, sans aucun doute, ils veulent pratiquer l'un et fuir l'autre ; mais ils veulent tout cela d'une manière si molle, avec une volonté si indécise, si chancelante, que c'est comme s'ils ne le voulaient pas. Leur conscience parle pourtant ; mais chaque fois, ou ils couvrent sa voix par des raisonnements spécieux, ou ils la font taire en accumulant faute sur faute, si bien qu'ils ne l'entendent plus du tout.

La conscience est chose très délicate : on peut l'altérer, on peut la fausser ; on peut même, comme je viens de le dire, en étouffer complètement la voix, et devenir un de ces hommes dont chacun dit : ils manquent de sens moral ; et, sachons-le bien, il n'est pas d'état d'âme plus déplorable ; car alors, dans toutes les situations, les plus claires comme les plus obscures, on ne sait plus comment se diriger, ni des chemins qui s'offrent à nous lequel prendre. Puisqu'on n'a plus de conscience, on n'a plus de discernement. Et non seulement on ne reconnaît plus dans la vie sa véritable voie, mais on porte sur les faits qui se passent autour de nous, sur les événements dont peuvent dépendre et notre destinée et peut-être celle de notre pays, des jugements faux, dont les conséquences sont parfois désastreuses. On n'a plus la force d'approuver ce qui est bien, de condamner ce qui est mal ; on applaudit tout indifféremment, même les actes les plus pervers ; et, quand même on verrait clairement le précipice où ils nous entraînent, on n'a plus un seul principe auquel se raccrocher, afin d'éviter la suprême catastrophe.

Puisque c'est la conscience qui fait l'homme, il faut veiller sur elle, la respecter souverainement, diriger sa volonté vers le bien, s'habituer à le reconnaître, à le fortifier, à condamner le mal partout où on le rencontre, à le fuir avec un soin extrême, sans jamais admettre ces fâcheux compromis où l'homme voit sombrer tout ce qui peut assurer la dignité et le bonheur de sa vie.

III

LA DÉLICATESSE MORALE

DIX-SEPTIÈME LEÇON

Le dégoût des plaisirs grossiers.

Si mon cœur, fatigué du rêve qui l'obsède,
A la réalité revient pour s'assouvir,
Au fond des vains plaisirs que j'appelle à mon aide
Je trouve un tel dégoût que je me sens mourir.

C'est par ces beaux vers qu'un poète contemporain nous fait voir où mène l'abus des plaisirs grossiers, et, sur le sujet qui nous occupe, il n'était pas de voix plus autorisée que la sienne ; car, après nous avoir signalé l'écueil, il est venu s'y briser.

Aussi, après lui comme après bien d'autres, pouvons-nous déclarer hautement que l'abus des plaisirs grossiers, la recherche de la bonne chère, la passion des boissons alcooliques, sont contraires à notre nature : ils dégradent l'âme et ruinent la santé. A ce double titre, il faut les fuir. Ce n'est pas, comprenons-le bien, que les plaisirs des sens soient condamnables par eux-mêmes : l'usage en est bon, puisqu'il est voulu par la nature ; mais user n'est pas abuser, et c'est l'abus qu'on doit éviter. Manger, boire, dormir, tout cela est naturel, par conséquent, excellent ; mais mettre toute sa vie dans la recherche des aliments, ou dans l'entretien d'une honteuse paresse ; ne songer qu'à boire jusqu'à en perdre la raison, c'est cela qui est condamnable ; ce sont ces plaisirs grossiers qui ne doivent nous inspirer que du dégoût. Comme l'hermine craint de souiller son beau pelage blanc, nous devons avoir pour tout excès, pour toute passion qui souille l'âme, une répugnance instinctive. Chaque fois qu'il nous arrive, par malheur, d'y céder, revenus au sang-froid, nous devons sentir la honte nous monter au front, le dégoût nous monter aux lèvres, comme si nous avions pris un mets d'une saveur nauséabonde.

Cette délicatesse morale est l'indice d'un cœur noble, d'une conscience pure, que rien n'a faussée, dont la voix n'a jamais été méconnue. Quel bien précieux à conserver ! Car c'est par elle qu'on forme les braves enfants et les bons citoyens dont le nom est cité avec honneur : c'est elle enfin qui fait l'homme de devoir.

IV

LA PROBITÉ

—

DIX-HUITIÈME LEÇON

Le vol, la fraude et les passe-droits.

« Ce chien est à moi, disaient ces pauvres en-
» fants ; c'est là ma place au soleil : voilà l'origine de
» la propriété parmi les hommes. »

C'est comme si Pascal avait dit : « Le premier
enfant qui a eu l'usage de la parole s'en est servi
pour établir son droit de propriété sur le jouet qu'il
avait, sur le coin misérable qu'il occupait dans un
abri sous roche, sur le rayon de soleil qui venait
réchauffer son corps à demi nu. Son père en a fait
autant pour sa massue, pour son couteau de silex,
pour l'arc sorti de ses mains et dont l'invention était
due à son génie. Et tout de suite furent qualifiés vol
soit l'emploi de la force pour s'en emparer, soit le
recours à la ruse pour les prendre à la dérobée. Ainsi
le vol est un attentat contre la propriété : c'est une
action de toute antiquité réputée crime, et, comme
telle, universellement reconnue, universellement con-
damnée. Certaines exceptions, comme les larcins
tolérés à Lacédémone, ne font que confirmer la loi,

et, si le vol est accompagné de violences ou d'embûches, ce sont des circonstances aggravantes. »

La fraude s'en distingue en ce qu'elle n'attente pas directement à la propriété. Le fraudeur ne vous crie pas : la bourse ou la vie ! il ne fracture pas votre porte, ne brise pas votre coffre-fort. Dans sa manière il y a du mensonge et de l'hypocrisie : c'est un sournois qui vous dépouille sans en avoir l'air. Pèse-t-il sa marchandise ? ses poids sont faux ; la mesure-t-il ? il s'arrange toujours pour que vous n'ayez pas votre compte. De toute façon, il vous vole aussi sûrement que s'il mettait la main dans votre poche.

Et le passe-droit est encore un vol. Par son travail, ses bons services, un homme a droit à une paie plus forte, à un emploi plus élevé et plus rémunérateur. Celui qui en dispose l'oublie, pour élever à sa place un débutant qu'il favorise : il commet un vol puisqu'il donne à celui-ci ce qu'il devait à l'autre. Sa mauvaise action constitue une iniquité qui bouleverse toutes nos idées sur l'honnête, et fait subir aux convictions morales une atteinte souvent irréparable.

DIX-NEUVIÈME LEÇON

Le respect des engagements.

Les engagements écrits ou verbaux sont des contrats sur la valeur desquels repose toute la partie économique de la vie sociale. Dès qu'ils sont passés, dès qu'une parole a été donnée, c'est notre probité et notre honneur qui sont en jeu : c'est, par con-

séquent, nous-même tout entier que nous mettons
dans le marché : c'est dire combien est grave, combien étroitement nous lie le moindre acte qui constitue un engagement. Ecoutons ce qu'en dit M. Liard :

« Les contrats doivent être strictement exécutés ;
les violer, c'est manquer à la justice. J'ai le droit de
jouir de la ferme, de la maison, de l'appartement
que je vous ai loué, pendant tout le temps de mon bail ;
mais, en retour, je dois vous en payer le loyer : je ne
dois pas détériorer votre propriété. Je dois en jouir en
bon père de famille ; si j'abuse, je suis passible des
tribunaux.

» Les engagements verbaux ne sont pas moins
obligatoires. « Chose promise, chose due. » Un
homme achète un bœuf à la foire, et s'engage à le
payer le mois prochain ; personne n'a été témoin du
marché ; cet homme n'en doit pas moins payer
son bœuf au jour dit, et le prix convenu : c'est ce
qu'on appelle respecter la parole donnée.

» Le respect de la parole donnée, quelle belle et
digne chose ! c'est la probité en ce qu'elle a de plus
élevé, de plus scrupuleux et de plus délicat. Manquer
à sa parole, c'est donc tout à la fois se manquer à
soi-même et manquer aux autres. L'honnête homme
n'a qu'une parole ; sa parole vaut une signature au
bas d'un contrat.

» La loyauté et la bonne foi doivent être dans tous
les marchés, dans tous les commerces. Il n'est pas
défendu de tirer le meilleur parti de sa marchandise ;
mais il est absolument défendu par sa conscience et
par les lois de tromper sur la qualité de la marchandise : les fraudeurs, et c'est justice, sont rigoureusement punis.

» En résumé, tout marché doit être exécuté, toute

parole donnée, toute promesse faite doit être tenue. Soyez toujours de bonne foi dans vos engagements ; ne vous engagez jamais à ce que vous sauriez ne pouvoir tenir. »

VINGTIÈME LEÇON

La probité de l'écolier.

La probité est une des vertus qui caractérisent l'honnête homme. Elle est générale, elle régit toutes les professions, elle commande à tous les âges, à partir du jour où l'on jouit de sa raison : c'est dire qu'elle est également la loi qui préside aux rapports des écoliers entre eux et avec leurs maîtres.

L'élève probe a le respect profond et, pour ainsi dire, instinctif de ce qui appartient à ses camarades : il met une délicatesse extrême à ne leur causer aucun tort. De sa part, jamais de pièges tendus à leur inexpérience pour leur porter préjudice, soit dans les objets qui leur appartiennent, soit dans les petites transactions qui peuvent intervenir entre eux. Il sait que profiter de la naïveté d'un enfant, pour faire un échange où il n'y ait aucune parité entre la valeur des objets échangés de part et d'autre, est un manque de probité, une action flétrissante et basse, qui ouvre la porte au vice. N'est-ce pas, en effet, l'indice d'une perversité précoce que cette tendance de l'enfant à porter dans des relations, auxquelles devraient seules présider une confiance ingénue et la bonne foi du jeune âge, des calculs astucieux qu'on ne peut voir sans colère même chez les rebuts de la société?

Et que dirons-nous des moyens employés pour enlever à un camarade sa place dans une composition, et, par conséquent, le prix qui peut en être la récompense? Où est la probité chez l'écolier qui copie au lieu de composer? qui se prémunit de notes avant d'entrer en classe, et qui, le sujet dicté, les tire secrètement de sa poche pour s'en parer comme le geai des plumes du paon? Non seulement il a satisfait un mouvement de basse vanité, en voulant se faire passer pour un élève plus studieux, plus instruit qu'il n'est; mais encore il a littéralement volé une place dont il n'était pas digne; il a privé un camarade de son bien, de la juste récompense due à son travail et à son intelligence : il a violé toutes les lois de la probité et de la bonne foi.

C'est encore la même probité qui doit régler souverainement les rapports des maîtres et des élèves. Ainsi, l'élève ne doit pas lire sa leçon à la dérobée au lieu de la réciter; il ne doit pas emprunter ses devoirs à un camarade et les remettre en affirmant qu'ils sont bien de lui : cette manière d'agir constitue une action malhonnête; ses bonnes notes sont un vol; il s'est fait, contre toute justice, décerner des éloges et des récompenses immérités; il a surpris la religion du maître : là encore, il a manqué gravement à la bonne foi.

V

LA BONTÉ

VINGT ET UNIÈME LEÇON

La bonté.

La bonté peut être regardée comme la réunion de toutes les vertus.

La bonté est prudente, pour ne point porter de jugement téméraire ; elle est bienveillante ; elle résiste avec fermeté aux critiques injustes. Elle ne connaît ni la jalousie ni l'envie ; elle croit toujours à la bonne foi ; elle admet que les paroles sont l'expression de la pensée, que les actes sont dictés par la rectitude et l'esprit de justice. Elle n'injurie pas, elle ne récrimine pas ; elle repousse les propos malveillants, et n'admet le mal que contrainte et, pour ainsi dire, forcée par une évidence qui crève les yeux. Elle est pleine de pitié pour le malheur ; elle est généreuse ; pendant qu'elle s'ingénie à faire le bien, elle n'a que des paroles de douceur pour calmer les colères, et ramener la paix où souvent, depuis des années, on ne voit régner que la guerre.

Ah ! mes enfants, si la bonté animait tous les

cœurs, quels changements à la surface de la terre ! plus d'injustices, plus de vols, plus de calomnies, plus d'attentats contre les personnes, plus de guerre d'homme à homme, d'Etat à Etat ; nous serions ramenés à l'âge d'or. L'antique adage, si affreux dans sa concision, *homo homini lupus*, n'aurait plus de sens. Vraiment, il ferait bon vivre.

Efforçons-nous donc d'être bons, puisque la bonté produit de si heureux effets : croyons à la bonne foi chez nos camarades, à la bienveillance, à la justice, à l'affection chez nos parents et chez nos maîtres, à la vertu chez tous ceux qui nous entourent. Il n'est pas, croyez-moi, d'autre moyen pour passer sa vie dans le bonheur et la paix.

VINGT-DEUXIÈME LEÇON

L'affection pour les parents.

Que dit l'antique commandement ? « Tu honoreras ton père et ta mère. »

Tout y est renfermé, la loi naturelle et le précepte moral, et il semble bien que ce dernier ne devrait pas avoir besoin d'être énoncé pour forcer l'amour envers nos parents : la nature toute seule aurait dû suffire ; car est-il quelque chose de plus naturel que d'aimer son père et sa mère ? est-il un devoir à la fois plus pressant et plus doux ? Que de bienfaits ne leur devons-nous pas ! D'abord, ils nous ont donné la vie : puis, dès le premier jour, ils ont tout fait pour nous la rendre agréable et facile : tous les obstacles qui se dressaient devant nous, ils les ont écartés ; toutes les chances de bien-être et de succès, autant qu'ils l'ont pu, ils nous les ont offertes. Il va sans dire que pas un instant ils n'ont fait passer leur bonheur avant le nôtre : des parents égoïstes !... est-il une âme d'enfant assez dénaturée pour en avoir seulement la pensée ?

Alors, que nous reste-t-il que de répondre à leur amour par un amour aussi grand ? que d'effacer par mille prévenances le souvenir des soucis que leur a causés notre enfance ? que de leur rendre en obéissance, en respect, en tendresse, tous les soins qu'ils nous ont donnés ? Et nous pouvons leur prodiguer les plus grandes marques d'affection : nous serons toujours en reste avec eux, puisqu'ils ont tout fait pour nous, sans restriction ni mesure.

Il est bien coupable l'enfant pour qui tant d'amour est resté lettre morte ; qui non seulement n'a jamais senti son cœur ému de reconnaissance pour ses parents, mais qui les a désolés par sa mauvaise conduite, par ses réponses insolentes, par une désobéissance de tous les jours, parfois même, quand il est devenu grand, par le spectacle affreux de ses passions qu'aucun bon conseil n'a pu refréner. Concevez-vous l'horrible crève-cœur d'une mère qui voit sombrer dans l'infamie celui qui devait faire son orgueil, et qui, au contraire, n'a su que la couvrir d'opprobre et d'ignominie ?

...Ah ! n'admettons jamais pour nous la possibilité d'un si grand malheur !

VINGT-TROISIÈME LEÇON

L'affection pour les frères.

L'affection que nous éprouvons pour nos frères est un des sentiments les plus purs de la nature humaine.

Il se fortifie des mille rapports que nous entretenons tous les jours avec eux, mais c'est dans l'amour filial qu'il prend sa source. C'est, en effet, l'affection pour nos parents, la pensée que tous nous venons d'eux, que, tout petits, nous avons reposé sur le sein de la même mère, qui nous remplit d'un sentiment si profond pour nos frères; et l'amour qu'il inspire est si saint, on en regarde les manifestations comme un devoir si pressant, qu'on se montre inexorable pour ceux qui le méconnaissent. Regardez autour de vous, dans les familles qui vous sont connues; interrogez l'histoire, si vous voulez : toujours vous y verrez exalter l'amour fraternel; toujours, au contraire, vous y verrez flétrir ceux qui l'ont profané.

Gardez-vous de leur ressembler; aimez tendrement vos frères et vos sœurs. Ne les contristez jamais par des paroles grossières, ne les tourmentez point par des malices qui, trop souvent, s'inspirent de la jalousie. Ayez le souci de leur plaire dans les moindres choses, de les obliger par des services délicats, toujours rendus avec une complaisance et une bonne grâce qui ne se démentent pas. Aidez-les dans leurs travaux, soutenez-les dans leurs peines, prenez part à toutes leurs épreuves. Les voyez-vous commettre des fautes? loin de les reprendre avec une sévérité déplacée, fermez les yeux sur leur conduite : couvrez-la d'un voile discret ; car, à moins d'y être obligé par devoir, vous ne devez jamais accepter le rôle avilissant de dénonciateur de vos frères.

C'est dans de tels sentiments que vous réaliserez l'union de toute la famille pour un but commun, celui d'offrir une résistance inébranlable aux attaques de l'envie et aux coups de la mauvaise fortune.

VINGT-QUATRIÈME LEÇON

La bonne camaraderie.

La bonne camaraderie, c'est la droiture et la bienveillance apportées dans les relations journalières avec les camarades.

Les camarades sont, pour ainsi dire, des frères ; il y a, en effet, une sorte de fraternité dans le fait de se rencontrer tous les jours sur les mêmes bancs, de travailler aux mêmes études et de s'instruire sous la direction du même maître. C'est la même main qui pétrit et forme les cœurs d'une même classe ; c'est la même voix qui enseigne à tous le chemin à suivre pour devenir un jour d'honnêtes citoyens. Et il est si vrai que cette communion de tous à la même table des études fait de chaque camarade un frère, que, si l'un d'entre eux arrive plus tard aux honneurs, à la gloire, tous les autres en sont fiers ; chacun en veut prendre sa part, comme le frère cadet est heureux des succès de son aîné, dont l'éclat rejaillit sur lui.

Et c'est pourquoi les rapports des camarades entre eux doivent être empreints d'une sincère bienveillance, d'une grande cordialité. Je ne veux pas dire que tous doivent s'aimer : il est des caractères avec lesquels on sympathise difficilement ; mais, à défaut d'un sentiment plus tendre, beaucoup d'indulgence, beaucoup d'équité dirigeront leurs actes et leurs paroles. On se rendra de mutuels services : on sera obligeant, d'un commerce facile, toujours prêt à calmer les rivalités qui peuvent se produire : point d'orgueil, point de vantardise ; mais la modestie, la franchise, une émulation qui ne blesse ni n'humilie personne, voilà les qualités à déployer entre camarades dignes de ce nom.

Au contraire, les récriminations, la grossièreté, les vilains propos, les insinuations perfides ou malveillantes, les critiques injustes ou simplement amères, devront être écartés soigneusement. Celui qui corrompt un camarade est responsable envers la société des crimes qu'il pourrait commettre. En revanche, si par de bons exemples, par des observations bienveillantes et discrètes, on sait ramener dans le droit chemin un enfant qui s'en écarte, on aura fait œuvre d'excellente camaraderie, tout en rendant à son pays un éminent service.

VINGT-CINQUIÈME LEÇON

L'amitié.

« Deux pigeons s'aimaient d'amour tendre. »

Voilà toute la définition de l'amitié, et il semble bien que l'on s'aime uniquement parce que le cœur nous y pousse ; toutes les considérations de convenances et de relations sociales n'y font pas grand'-chose. Sans doute, pour s'aimer, il faut être à peu près dans la même condition ; sans une certaine égalité l'amitié vraie n'existe pas. Mais la conformité de deux natures, l'accord de deux caractères, est-ce chose aussi nécessaire ? C'est fort douteux : y en eut-il jamais de plus opposés que ceux du doux Patrocle et de l'impétueux Achille ? Et cependant Homère en a fait des modèles de vive amitié : les derniers chants de l'*Iliade* retentissent des plaintes violentes et jamais apaisées, des menaces frénétiques du fils de Pélée contre le meurtrier de son ami Patrocle : il consent à mourir sur-le-champ, pourvu qu'il le venge.

Mais ce dont, une fois née, l'affection a surtout besoin pour se soutenir, c'est de la vertu : sans elle, il n'est pas d'amitié sincère et durable ; car oserait-on appeler de ce nom les liaisons qui existent entre gens vicieux ? elles méritent tout au plus celui de compli-cité, et les reproches, les querelles, les débats vio-lents, souvent meurtriers, en voilà les fruits. Au con-traire, l'amitié naît et se fortifie dans les doux propos, les confidences charmantes, les épanchements in-times sur toutes les questions qui peuvent élever le cœur de l'homme, l'incliner aux sentiments généreux, à l'émulation féconde pour le bien, à l'ambition permise et réglée, à la recherche mutuelle de la vraie gloire, qui ne s'acquiert que dans un dévouement sans réserve au bonheur de l'humanité. C'est avec ravissement qu'un ami contemple l'éclosion, l'épanouissement de ces idées élevées dans le cœur de son ami. Y voit-il de l'exagération? il le rappelle à la mesure; de la tiédeur? il le gourmande et l'excite; mais toujours ils se complaisent tous deux dans la libre expansion de leurs deux natures; en elles, rien ne les choque : ils en aiment tout, même les défauts.

Qu'il est charmant, chez les enfants, le spectacle de cette douce intimité! Entre eux tout est commun : les peines et les plaisirs, les échecs et les succès, ils partagent tout. Point d'envie, point de rivalité passionnée, mais une douce réciprocité de bons sentiments, un échange constant de services délicats. La malignité des autres les laisse indifférents : ils vont dans la vie la main dans la main, et bravent ainsi en souriant les mille petites misères qui n'épargnent ni leur âge ni leur condition.

Qu'un ami véritable est une douce chose!

VINGT-SIXIÈME LEÇON

La politesse.

La politesse est une vertu : beaucoup la regardent seulement comme une bonne qualité. Examinons-la, et voyons ce qu'il en est.

« Le respect, a dit Pascal, est : Incommodez-vous. »
Le respect n'est qu'une forme de la politesse, prise,
sans doute, dans son acception la plus noble et la
plus élevée, mais c'est encore la politesse. C'est donc
elle qu'a définie Pascal par ces deux mots d'une si
énergique concision : « Incommodez-vous », c'est-
à-dire mettez votre esprit à la gêne, faites à votre
paresse une guerre acharnée, si vous voulez remplir
tous vos devoirs d'homme véritablement poli ; car,
pour l'être en tout temps, en toute circonstance, il faut
se gêner beaucoup, et prendre bien garde à ce que l'on
dit, à ce que l'on fait : l'âge, le rang, le sexe des
personnes à qui l'on rend des respects, il faut tout
considérer. Se tenir ainsi, sans jamais s'oublier,
constamment en garde contre la paresse, défaut si
naturel, et la vaincre, n'est-ce pas remporter une
grande victoire sur soi-même ? et la politesse qui
nous y pousse, qui nous soutient dans la lutte et
finalement nous mène au triomphe, n'est-elle pas une
véritable vertu ?

Les gouvernements, dans leurs rapports mutuels,
font bien voir qu'ils ne la considèrent pas autrement :
ils la pratiquent avec le plus grand soin. C'est à elle
que la diplomatie emprunte son cérémonial, les
règles minutieuses du protocole; véritable code de la
politesse, où sont prévues et rigoureusement définies
toutes les formes du respect. Leur emploi a pour but
d'éviter les froissements de l'amour-propre, les
atteintes à la majesté des peuples, toutes fautes qui
pourraient entraîner après elles les plus funestes
conséquences.

Et pour des élèves, regardez-vous la politesse
comme une vertu superficielle, bonne tout au plus à
prouver qu'on vous a bien élevés ? S'il en est ainsi, il

faut vous détromper : la politesse est mieux que cela ; elle est pour beaucoup dans l'agrément de vos relations journalières, dans le charme de toute votre vie d'écolier. Ainsi, il faut savoir respecter les autres pour être respecté soi-même ; rien ne nuit plus aux bonnes causeries que la grossièreté des propos et l'inconvenance de certains procédés ; rien n'est plus propre à étouffer toute affection naissante que la sauvagerie d'un esprit bourru, que la mauvaise grâce d'un cœur qui se refuse à toute amabilité, à tout acte simplement poli, pour obliger un camarade.

Il faut donc que vous soyez polis, comme il faut que vous soyez honnêtes, laborieux et dociles. Toutes les vertus se tiennent : si vous en négligez une, les autres s'en ressentent ; insensiblement elles déclinent à leur tour, et finissent, si l'on n'y prend garde, par s'effacer entièrement de notre cœur.

VINGT-SEPTIÈME LEÇON

La pitié.

La pitié est un sentiment qui ouvre le cœur aux émotions généreuses et l'incline à la commisération des infortunes humaines.

Un enfant voit pleurer son camarade ; il s'attendrit, il le plaint et le console ; il paraît aussi affligé que lui du chagrin qui l'agite : il cède à un mouvement de pitié.

Un malheureux passe devant nous : il est couvert

de haillons ; pâle et défait, c'est avec peine qu'il s'avance tout courbé sous le poids de la misère. On s'approche de lui, on lui parle, on lui demande ce qu'il a, d'où lui viennent ses maux. Au récit de sa vie, où les malheurs semblent s'engendrer les uns les autres, où pas un rayon de soleil n'est venu égayer un ciel bien sombre, notre cœur se sent agité d'un trouble qui va sans cesse grandissant ; bientôt il n'y tient plus, il déborde ; nos larmes coulent ; nous nous sentons portés vers le malheureux par un mouvement de compassion si énergique, qu'aux secours matériels nous mêlons les plus douces paroles de commisération. Nous voulons alléger ses maux, prendre sur nos épaules la moitié de son fardeau : il semble que rien ne pourra rendre à notre cœur la sérénité et la paix, si nous ne sentons point le malheureux consolé : c'est encore à la pitié que nous obéissons

Oh ! la belle vertu, mes enfants, et qu'elle est nécessaire à l'humanité ! car où n'y a-t-il pas des malheureux ? ou plutôt, quel est celui d'entre nous qui, vingt fois dans sa vie, n'a pas besoin d'être consolé ? Nous sommes hommes et, par conséquent, sujets au chagrin, et, quand il nous visite, quelle douceur que de sentir des larmes se mêler aux nôtres dans un sentiment de fraternelle pitié ! N'est-ce pas à cette vertu divine que nous devons ces hospices, ces maisons de refuge, ces fondations charitables où l'on soigne les maladies du corps, et les plaies, souvent plus douloureuses encore, que le chagrin, les mauvais traitements, les injustices ont faites au cœur du malheureux ? N'est-ce pas elle qui, dans tous les siècles, chez tous les peuples, a suscité tant de dévouements héroïques, qui sont l'éternel honneur de l'humanité, en même temps qu'ils nous consolent des violences et des bassesses dont nos yeux sont trop souvent affligés?

Qui ne connaît pas la pitié n'est pas un homme.

VINGT-HUITIÈME LEÇON

La cruauté.

La cruauté est l'absence dans un cœur des sentiments humains.

Certes, la cruauté absolue n'existe pas : un homme absolument cruel serait un monstre capable de nous faire à tout jamais prendre nos semblables en horreur. Mais quant à ceux dont l'insensibilité prédomine sur les bons sentiments, hélas! ils sont bien nombreux, beaucoup plus qu'il ne le faudrait pour le bonheur de l'humanité.

N'a-t-on pas vu des gens mettre leur joie dans le chagrin des autres? N'y a-t-il pas des enfants qui rient quand d'autres pleurent, qui prennent plaisir à les tourmenter, qui s'ingénient à varier les tortures physiques ou morales qu'ils infligent à de pauvres êtres dont le seul tort est d'être disgraciés par la nature, ou simplement plus faibles qu'eux? Car rien ne trouve grâce devant eux : les infirmités, la vieillesse, la faiblesse d'esprit, la folie même, ils ne respectent rien, ne reculent devant rien, pour satisfaire leurs bas instincts de cruauté : faire couler les larmes, c'est tout leur plaisir.

Quels sentiments abominables, et comme on a raison d'appeler ces êtres des bêtes à face humaine! car y a-t-il quelque chose de plus étranger à l'humanité que l'état d'un cœur qui met son bonheur à faire souffrir celui des autres?

Et cependant, il n'est que trop vrai qu'au fond de nous-même s'agite quelque chose qui ressemble bien à cet affreux sentiment. Qu'est-ce que le ressentiment et surtout qu'est-ce que la haine? un mouvement de cruauté qui, par des représailles, cherche à infliger à qui nous offense des maux plus grands que ceux qu'il nous fait souffrir, et qui fait qu'on se repait par avance, qu'on jouit de tous les chagrins dont on pourra l'abreuver. Se délecter ainsi, même en imagination, au spectacle de maux qu'on veut infliger à son ennemi, n'est-ce pas obéir aux impulsions de la cruauté?

C'est contre ces horribles instincts qu'il faut lutter: c'est à la pitié qu'il faut faire appel pour les dominer et les arracher entièrement de notre cœur.

VINGT-NEUVIÈME LEÇON

La générosité.

La générosité est l'effet d'un grand cœur : elle a sa source dans les sentiments les plus élevés de la nature humaine.

Elle ne connaît pas la mesquinerie, les idées d'un esprit étroit. Quand elle fait le bien, et elle le veut toujours, elle ne met pas de bornes à son action. Elle pense de chacun ce qu'on peut dire de mieux pour faire son éloge; elle n'est pas en reste de bons procédés; elle ne croit jamais en avoir assez fait.

Les petites rivalités, les petites jalousies, les petites vengeances ne l'effleurent pas : elle donne de sa propre substance à qui lui paraît indigent, et n'attend rien en retour. Le cœur de l'homme généreux est toujours chaud : plus il se prodigue, plus il s'ouvre et se dilate, en semant à profusion autour de lui les attentions délicates et les bienfaits qui semblent s'ignorer.

Il croit toujours à la droiture dans les intentions, répond aux mauvais procédés par de bonnes actions, oublie qu'on l'a maltraité, et ne s'écarte pas de son chemin parce qu'il aperçoit au bout l'ingratitude.

Soyez donc généreux : aidez ceux d'entre vous qui peinent au travail, parce qu'ils sont plus mal doués que vous. Ne triomphez pas de vos succès, si vous voyez que vos camarades en souffrent. Aimez à les relever à leurs propres yeux : un éloge, un applaudissement donné à propos fait tant de bien à qui le mérite rarement !

Ouvrez largement la main pour donner. Que vos générosités soient exemptes de calcul : n'en parlez pas, n'y pensez jamais. Que ni votre air ni vos manières ne donnent à croire aux témoins de vos bienfaits que vous en tirez quelque vanité. L'homme véritablement généreux accomplit ses meilleures actions aussi naturellement qu'il respire. Est-il au monde un spectacle plus beau que celui qu'il donne ?

C'est de cette haute vertu que d'Aguesseau a pu dire : « Cette supériorité d'une âme qui ne connaît
» au-dessus d'elle que la raison et la loi ; cette fierté
» généreuse d'un cœur sincèrement vertueux, qui ne
» se propose jamais d'autre récompense que la vertu
» même, voilà la grandeur d'âme. »

TRENTIÈME LEÇON

Bonté envers les animaux.

Les animaux sont mis par la nature sous la domination de l'homme : il a le droit de les faire servir à ses besoins. Que le cheval, le bœuf, l'âne, mettent donc à son service leur vitesse ou leur force ; qu'il demande aux uns leur laine, à d'autres leur cuir, à la plupart leur chair, pour se nourrir, c'est dans l'ordre de la nature, par conséquent légitime, et il n'y a point là de cruauté. Il n'y en a pas non plus à expérimenter sur eux des remèdes dans le but unique d'arracher l'homme à la maladie et à la mort ; puisqu'ils doivent servir à nos besoins, nous pouvons, sans qu'il y ait abus, les utiliser dans l'intérêt supérieur de l'humanité.

Alors, en quoi consiste la bonté qu'on nous demande pour eux ? tout simplement à les traiter avec douceur ; à ne rien exiger d'eux au-dessus de leurs forces ; à les bien nourrir, puisque nous les faisons bien travailler : mais surtout à ne pas les battre, à ne pas les torturer, à ne pas en faire nos souffre-douleurs, conduite que La Fontaine a si vivement reprochée à l'enfance, quand il a dit :

Cet âge est sans pitié !

N'en avez-vous pas vu maintes fois de ces pauvres bêtes, qu'un brutal rouait de coups, parce que, trop chargées ou peut-être malades, elles n'avançaient pas, ou plus probablement parce qu'il voulait faire retomber sur elles une colère qu'il ne savait comment satisfaire ? N'en avez-vous pas vu d'autres, des oiseaux, par exemple, qu'on poursuivait sans trêve ni merci, et sans autre motif que la satisfaction de les prendre pour s'en amuser ? N'y a-t-il pas même des enfants qui les tuent, uniquement pour jouir de leur agonie ? Voilà, n'est-il pas vrai ? une affreuse cruauté, qui ne peut avoir d'excuse que dans un seul cas, celui de faire la guerre aux espèces nuisibles. Celles-là, qu'on les poursuive, qu'on les extermine par tous les moyens, je n'y vois pas grand mal, encore qu'un peu de discrétion dans les procédés serait plus digne de nous ; mais, hors ce cas, maltraiter les animaux est une barbarie indigne d'enfants bien élevés, dont le cœur est sensible à la pitié.

VI

L'ÉDUCATION DE SOI-MÊME

TRENTE ET UNIÈME LEÇON

Le sentiment de la dignité morale distingué du point d'honneur.

L'homme, si bas par certains côtés de sa nature, se relève par sa dignité morale. Seul, dans la nature, il connaît le bien et le mal ; seul, il a une conscience qui lui dit qu'il a des devoirs envers lui-même comme envers les autres ; seul, loin de n'obéir qu'à de simples instincts, il donne le spectacle sans prix d'une volonté libre mise au service de la vertu.

A le considérer ainsi l'homme est très grand, et il doit avoir pleinement conscience de sa dignité : il ne doit ni la compromettre ni la ravaler. Il sent bien qu'elle seule lui vaut l'estime de ses semblables ; que, sans elle, la vie, comme on dit, ne vaut pas la peine d'être vécue. En effet, ne songer qu'à manger, à boire, à se perdre dans la débauche, n'est-ce pas descendre au niveau de la brute, et tendre à devenir un de ces êtres vicieux dont la vue inspire le dégoût, dont on dit qu'ils sont la honte de l'humanité, et que la mort pour eux vaudrait cent fois mieux qu'une existence abjecte et déshonorée ?

Mais de ce qu'un homme doit s'estimer son juste prix, s'ensuit-il qu'il nous faille être si chatouilleux dans nos rapports avec nos semblables que la moindre parole, le moindre geste, qui nous paraît un blâme, doive nous précipiter les uns sur les autres pour laver dans le sang l'atteinte portée à notre honneur? Est-il donc, cet honneur, à la merci du premier venu? est-il si facile d'y porter atteinte? et faut-il vraiment qu'un homme insulté, pour conserver notre estime, tue son semblable? Certainement, vous n'en croyez rien, mes enfants.

En tout cas, ce sentiment qui pousse au duel, souvent pour un motif bien futile, c'est le point d'honneur, et la dignité morale n'a rien à faire avec lui : elle provient de la pratique du devoir ; rien ne pourrait en ternir l'éclat que la méconnaissance de ce devoir : en l'observant, nous la sauvegardons. Tout ce qu'on dit de nous, tout ce qu'on fait contre nous, ne saurait y porter atteinte et ne doit mériter que notre dédain.

Disons, pour nous résumer, que notre dignité est tout entière dans notre manière de vivre ; qu'ainsi, tant que nous vivrons bien, il n'est au pouvoir de personne de nous la ravir.

TRENTE-DEUXIÈME LEÇON

Le gouvernement de soi-même.

Se gouverner soi-même, c'est commander à ses passions.

L'homme vit par ses passions ; elles sont le stimulant de tous ses actes. Sans elles, point d'activité, et, par conséquent, ni inventions, ni progrès : nous serions encore dans l'état de nature, si nos ancêtres n'avaient pas obéi à leurs passions.

Mais, si les passions sont pour nous un stimulant nécessaire, il ne s'ensuit pas qu'on doive les laisser se développer sans contrainte et leur obéir en aveugle. Qui dit passion, dit un sentiment exclusif qui, poussé à l'excès, commande à la volonté, obscurcit la raison et asservit à ses désirs l'homme tout entier. Ne pas lui poser de digue, c'est vouloir que notre être, emporté par lui, sombre dans les tempêtes qu'il soulève, au lieu de se développer harmonieusement, et de produire tous les fruits qu'on est en droit d'en attendre.

De là pour nous l'impérieuse nécessité de commander à nos passions, en faisant à notre volonté un énergique appel. Chaque fois que dans nos désirs nous remarquerons un excès, ce quelque chose qui subordonne tout notre être à l'objet voulu, nous chercherons autour de nous un moyen de nous y dérober ; car la volonté ne suffirait pas à elle seule pour réprimer notre passion. Il faut, en quelque sorte, lui en substituer une autre qui l'amortisse, et peu à peu la fasse oublier ; il faut porter toute l'activité de notre esprit sur un noble but à atteindre, sur une science, des connaissances nouvelles à acquérir ; il faut qu'à force de s'y livrer, notre esprit en vienne à les aimer, à les désirer, à les rechercher avec ardeur, sans cependant s'y absorber tout entier ; car nous retomberions dans l'excès que nous avons voulu combattre.

Concluons donc qu'il faut laisser à l'homme ses passions ; mais il faut aussi qu'il les surveille, les règle, leur oppose un frein, en donnant pour mobile à toutes ses actions une fin élevée, digne de ses destinées, et dont la plus stricte morale sera la régulatrice souveraine.

TRENTE-TROISIÈME LEÇON

La fermeté du caractère et le désintéressement.

La fermeté du caractère réside tout entière dans la direction de la volonté.

Bien diriger sa volonté, lui donner pour règle une raison inflexible, que l'imagination d'un côté, les passions de l'autre ne puissent jamais égarer, tel est le premier devoir de l'homme. Il ne l'emploiera donc qu'à des actions honnêtes, n'adoptera une résolution qu'après mûre réflexion ; mais, cette résolution adoptée, il s'y tiendra sans qu'aucune considération puisse l'en faire dévier : c'est ainsi que, toujours sur ses gardes, toujours en éveil contre les mouvements désordonnés de son âme, il la trempera dans la lutte, l'armera de principes immuables et lui donnera pour toutes les circonstances de la vie une fermeté que rien n'ébranle.

Et c'est bien de cette opiniâtre éducation de toutes les forces morales que sont nés ces beaux caractères que les avantages matériels n'ont jamais pu séduire ; qui n'ont eu d'autre ambition que de rendre à leur patrie, à l'humanité tout entière, s'ils l'ont pu, d'éminents services ; qui n'ont envisagé, dans tout le cours de leur vie, que l'accomplissement de grandes actions, la conquête d'une gloire pure et sans tache ; que l'idée de justice et la discipline de l'âme ont su rendre si obéissants aux lois de leur pays que, pour s'y conformer, ils n'ont pas hésité à subir la mort même sans murmurer.

Sur de tels caractères l'intérêt personnel n'a point de prise. Que pouvait-il sur un Aristide, un Epaminondas, un Régulus ? Les plus riches trésors leur étaient confiés ; pour rien au monde ils n'y auraient puisé : leur désintéressement était à la hauteur de leur intégrité. La patrie, sa prospérité, sa gloire, ils n'avaient qu'elle devant les yeux : c'était leur pensée constante, leur unique passion. De soucis pour eux-mêmes, en tant qu'individus, ils n'en avaient point ; de leurs avantages personnels ils se désintéressaient entièrement. Et pourquoi ? parce qu'ils avaient, par une volonté droite, su donner à leur caractère cette fermeté qui ne veut pas dévier dans la recherche du bien, et que, pour chaque citoyen, le vrai bien, c'est toujours celui qui tend au bonheur de tout le monde, non celui des satisfactions égoïstes.

C'est ce désintéressement qu'en maîtrisant nos désirs, nous prendrons pour règle de tous nos actes, aussi bien de ceux qui concernent la vie privée, que de ceux qui auraient plus particulièrement trait à la vie publique.

TRENTE-QUATRIÈME LEÇON

L'autorité intérieure de la conscience et le respect de la règle.

La conscience est la voix du devoir.

Les lois morales, qui constituent le devoir, n'ont pas été inventées par l'homme : il les trouve en naissant profondément gravées dans son âme. Celui qui les lui a imposées est le même qui lui a donné la vie ; leur origine est divine ; la conscience est leur interprète. Et de même qu'il n'y a pas de matière sans les trois propriétés de l'inertie, de l'étendue et de l'impénétrabilité, de même il n'y a pas d'homme sans la conscience ; c'est, avec la raison, ce qui le distingue de tous les êtres vivants, et lui donne cette haute valeur, cette dignité souveraine, qui mèt entre lui et la créature la plus parfaite une distance, pour ainsi dire, infinie.

Et puisque la conscience est presque tout l'homme, puisque, sans elle, nous serions au niveau de la brute, soumise aux lois aveugles de l'instinct, avec quel respect ne devons-nous pas écouter sa voix ! S'y soumettre n'est pas s'abaisser ; c'est, au contraire, réaliser en soi la plénitude de son être : c'est porter la nature humaine à son plus haut degré de perfection.

Il faut l'écouter non seulement pour la conduite extérieure de la vie, mais encore pour tous les mouvements intimes de notre âme, les plus grands comme les plus petits : elle doit régler jusqu'à nos plus secrètes pensées. Pour juger nos actes, c'est un instrument d'une délicatesse infinie : du bien et du mal rien ne lui échappe ; mais c'est à condition qu'on lui obéisse scrupuleusement ; on la fausse, si on refuse de l'écouter. Il n'est règle si petite dont nous ne devions exécuter toutes les prescriptions pour ne point affaiblir la voix de notre conscience ; car, si elle s'affaiblit, si elle se tait, nous sommes comme un vaisseau sans boussole.

Donc respect à la règle qui n'est pas autre chose que le devoir imposé à chacun suivant son âge et sa condition : faisons tout ce qu'elle nous commande, proscrivons tout ce qu'elle nous défend, et ne rusons pas avec elle, comme rusent avec la loi ceux dont on dit qu'ils côtoient le code.

TRENTE-CINQUIÈME LEÇON

L'homme de devoir.

L'homme de devoir est celui qui, maître de ses passions, n'obéit qu'à sa conscience.

Regardez ce vieillard arrivé au terme de ses jours : quelle noblesse sur son front ! quelle douce majesté dans sa physionomie ! quelle autorité dans ses paroles ! Comme il est environné d'amour et d'admiration ! Tout le monde prononce son nom avec respect ; tout le monde s'inspire de son exemple et de ses leçons. Et pourquoi ce concert de louanges ? Qu'a fait cet homme pour s'attirer l'unanimité de ces hommages ? La réponse est bien simple : toute sa vie il a été l'homme de devoir.

Enfant, sa soumission aux ordres de ses parents, son ardeur au travail, sa loyauté dans les rapports avec ses camarades, ce je ne sais quoi qui fait dire : Voilà un enfant d'un naturel excellent ; toutes ces qualités, il les a portées à un point de perfection bien rare dans un âge si tendre.

Jeune homme, il n'est pas allé répétant sans cesse : il faut bien que jeunesse se passe. Il n'a pas agi comme ceux qui dans chaque jour qui luit veulent trouver un jour de fête. Le souci de préparer son avenir, de choisir une carrière, et, une fois choisie, d'y marcher d'un pas ferme ; la crainte de prendre de mauvaises habitudes qui pèsent sur la vie entière ; l'horreur de la débauche où se perd la santé de l'âme et du corps ; toutes ces idées, tous ces sentiments, agissant sur une volonté droite et ferme, en ont fait un jeune homme modèle, admiré de tous ceux qui le connaissaient.

Et plus tard, homme fait, mari, père de famille, il a suivi le même chemin, s'est inspiré des mêmes sentiments, a montré dans ces trois états la même rectitude et la même constance. Son honnêteté est passée en proverbe.

Vous expliquez-vous maintenant que soixante ans d'une telle vie lui attirent tous les cœurs et lui vaillent tous les suffrages ? Telle est, telle sera toujours la vertu d'une conscience inflexible dans la pratique du devoir. Tout esprit se sent grandir à la contempler : l'homme vicieux même en devient meilleur. Enfants, qu'elle soit pour vous une inoubliable leçon !

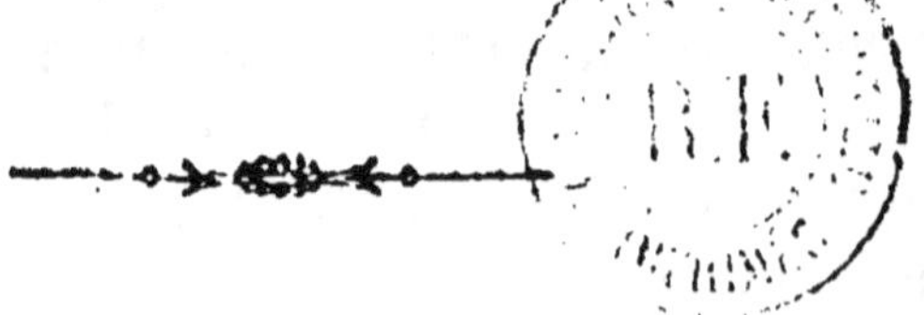

SAINT-CLOUD. — IMPRIMERIE BELIN FRÈRES.